FACILITATOR TOOL KIT

培训 引导师 工具箱

严剑 等 著

中国林业出版社
·北京·

图书在版编目(CIP)数据

培训引导师工具箱 / 严剑等著. —北京：中国林业出版社，2021.1
（培训引导师修炼手册丛书）
ISBN 978-7-5219-0993-7

Ⅰ. ①培… Ⅱ. ①严… Ⅲ. ①职工培训 Ⅳ. ①C975

中国版本图书馆CIP数据核字（2021）第019451号

中国林业出版社·林业分社
责任编辑：李 敏

出 版：中国林业出版社（100009 北京市西城区德胜门内大街刘海胡同7号）
　　　　http://www.forestry.gov.cn/lycb.html 电话：(010) 83143575
发 行：中国林业出版社
制 版：北京东安嘉文文化发展有限公司
印 刷：北京中科印刷有限公司
版 次：2021年1月第1版
印 次：2021年1月第1次
开 本：787mm×1092mm 1/16
印 张：4.5
字 数：91千字
定 价：48.00元

本 书 著 者

严　剑　边明明　耿　耿　岳兴亮
王　琦　张　翔　康琳茜　施侃侃

前 言

为了更好地锻炼和培养培训引导师工作队伍，促进培训管理人员从纯粹的培训管理服务向培训引导师方向转变，创新培训方式方法，提高培训管理质量，提升培训管理服务人员的能力和专业素质，国家林业和草原局管理干部学院（以下简称林干院）特编著此书。

在引进国际先进培训理念和方法的基础上，林干院与亚太地区社区林业培训中心合作，共同举办过多期针对自身培训管理者能力提升的培训项目，取得了很好的效果，并在2019年9月编译出版了《社区引导能力培训手册》，对如何组织实施参与式培训项目、培训引导师的能力和技能进行了详细的描述。在举办系列培训班的过程中，我们专门对一些常用的培训引导工具做了细致的编译整理工作。

本书总结归纳了在参与式培训实施过程中比较常用的36个引导师工具，并对所有工具按照具体用途进行了分类，当然有些工具因使用用途较广泛，分类界限不明显，采用了最大化使用程度和频次区分法进行了归类。本书编写前，我们还采用培训交流的形式，对编写的所有工具进行了实战模拟演练，并在模拟演练过程中通过挑刺式提问、分析讨论和总结改进等行动式学习、交流和分享，采用简洁明快的语言、生动活泼的示例，从使用场景、所需材料、操作步骤、注意事项和使用示例五个方面让撰写出的工具更具实用性和可操作性，让读者一目了然，更简单、便捷和易操作。

本书的定位是做培训管理者的手边工具书或培训实用手册。因此，本书定位的读者群体为初入培训的管理工作者、想要更多深度参与培训教学过程的培训管理者或培训引导师。对于高级培训引导师来说，书中的一些工具已经深度掌握，可信手拈来，本书也可以作为彼此相互学习、深度交流的媒介。本书中提到的工具适用于干部教育培训和一些企业培训过程中，针对某一个实际问题的分析、引导和讨论，适用于从事社区管理工作人员引导大家共同讨论解决处理一些具体问题。这些工具是引导大家共同协作才能做出决定的过程中，提供一种解决问题的方法；还有一些工具是在培训教学课堂上调动大家广泛参与进来，调动大家的兴趣，提高培训教学效果。

因编著人员能力水平有限，请各位读者抱着批判的态度来阅读和使用这本书。书中难免会有一些错误，也请大家多提宝贵意见，希望本书对读者的学习、工作和生活有所帮助。

著　者

2020 年 11 月

目 录

前 言

绪 论

一、成人学习的基本理论 ………………………………………… 001
二、如何成为一个好的培训引导师 ……………………………… 001
三、如何训练培训引导技能 ……………………………………… 002
四、培训引导师的主要工作 ……………………………………… 003
五、关于培训师工具箱 …………………………………………… 004

第 1 章 基本工具

一、谈话棒 ………………………………………………………… 005
二、停车场 ………………………………………………………… 006
三、共创愿景 ……………………………………………………… 007
四、角色扮演 ……………………………………………………… 009
五、空间游走 ……………………………………………………… 010
六、头脑风暴 ……………………………………………………… 011
七、世界咖啡 ……………………………………………………… 013

第 2 章 调查工具

一、绘制平面图 …………………………………………………… 015
二、递进式提问 …………………………………………………… 016

三、利益相关者分析 …………………………………… 018

四、入场调查 ………………………………………………… 020

五、半结构访谈 …………………………………………… 021

第 3 章　分析工具

一、SWOT 分析 …………………………………………… 023

二、思维导图 ………………………………………………… 025

三、问题树 / 对策树 …………………………………… 026

四、要素图 …………………………………………………… 028

五、成对比较分析法 …………………………………… 029

六、供需对话 ………………………………………………… 031

七、4W1H …………………………………………………… 033

八、亲和图 …………………………………………………… 034

九、as is to be（理想与现实）……………………… 035

十、大事记 …………………………………………………… 037

第 4 章　决策工具

一、决策树 / 目标树 …………………………………… 039

二、帕雷托分析 …………………………………………… 041

三、决策矩阵 ………………………………………………… 042

四、多轮投票法 …………………………………………… 043

第 5 章　评估工具

一、力场分析 ………………………………………………… 045

二、问卷调查 ………………………………………………… 047

第 6 章　综合工具

一、ORID ··· 050
二、SOAR ·· 052
三、PREP ·· 053
四、六顶思考帽 ··· 054

第 7 章　破冰工具

一、假自我介绍 ··· 057
二、马兰花开 ··· 058
三、反口令 ··· 059
四、名字接龙 ··· 059

参考文献 ·· 061

绪 论

一 成人学习的基本理论

成人学习的本质特征是由其学习对象——成人决定的。成人是成熟的人、有经验的人。成人期意味着成熟和经验。成人学习与义务教育或大学教育有很大的区别，义务教育或大学教育主要是为了学习和掌握知识或理论，而成人学习的基础是其具有一定的知识储备或经验积累，主要是想通过短期学习培训达到解决工作中面临问题的目的，其没有精力对某一专业知识或理论进行长时间系统地学习。

从教育学的观点看，当我们说一个人进入成人期意味着其认知能力及学习能力均达到了成熟的水平。例如，能够运用经验去认知周围的事物，能够自导学习过程，对事情有基本的看法和思想等。与未成年人教育相比，成人学习主要有以下基本特征：

第一，成人是自学者。从心理学的角度看，成人系指能够独立地指导和控制自己行为和活动的人。因此，在制订和实施教育计划时，应把成人的自学能力考虑进去。

第二，成人是具有生活经验和工作经验的人，这些经验增强了他的认知能力。经验是成人学习的一个重要资源。

第三，成人是主动学习的。成人是带着解决工作及生活中的问题这一动机来学习的，学习目的相当明确，学习态度相当主动。

针对以成人为对象的学习培训，一个好的培训师所要做的就是做好培训引导工作，使所有参与人员充分利用自身的经验和知识储备，进行充分的分享交流，使每个人都贡献一份自己的智慧，促进对某一些问题的改进或解决。因此，在成人学习培训过程中，一个好的引导师将显得十分重要。

二 如何成为一个好的培训引导师

总体来说，成为一个好的培训引导师，需要对身边的人感兴趣，愿意自我批评，善于学习、懂得倾听，能够不断调整、提升和完善自己。同时，能否成为一个好的培训师还取决于其个人的品质、能力、优点、缺点、经验和反思能力等。此外，一个好的培训师还需掌握一些必备的培训引导工具，并能熟练地运用这些工具，以改进和提升培训效果。通过对一个好的引导师进行分析，我们发现，一个好的培训引导师应该具有以下的态度和技能：

（1）有广纳意见的态度和能力；

（2）具有鼓励对话的能力，开放式接纳反馈意见，检讨自己的价值观及观点，必要时能够改变自己；

（3）灵敏的嗅觉和富有同情心；

（4）能够见微知著，从学员的眼神中看出问题，理解学员感受、观点和价值；集中于学员角色，而不是他们的性格和能力；

（5）良好的沟通交流技巧，能够主动聆听、观察、提问、深挖、找话题、细心解析并能够对反馈意见做出答复；

（6）善于发现问题症结，找准问题并选择适合的干预手段；

（7）提供帮助和鼓励，可以用语言或非口头表达方式表示鼓励、欣赏和关爱；

（8）从容面对各种挑战：有能力面对课堂上可能出现的不愉快、意见分歧，并能够在不冒犯的情况下休课；

（9）管理冲突能力，具有通过谈判和斡旋解决冲突的能力；

（10）成为小组典型，将自己作为小组里的典型，具有即时反应能力，但不要成为一个理想主义者，也不要把自己扮演成专家；

（11）掌握必备的引导工具，有简单的书画技能等。

三 如何训练培训引导技能

（1）自我反省。自我反省是自我提升的一个重要环节。在此过程中，人们思考自身问题，并且运用自身经验精炼自己的想法。此方式能够改变自身，这种改变包括获得新的感受、新的洞察力、新的能力等。这也是为什么要求学员在此培训项目期间定期评估自己的优缺点。

（2）获取反馈。学员不仅可以从自我反省中学习到很多，还可以从别人给的反馈中更好地了解自己，反省自己的行为。

（3）善于观察。另一个有效的学习方法就是观察其他学习督导的行为。在观察其他学习督导的处理问题的方式时，可以学习到一些督学的好方法，如在解决一些困难时什么是应该做的，什么是不应该做的。

（4）勤加练习。最有效果的学习方式之一就是勤加练习。在参与式培训项目中，会有许多实操机会。

（5）保持镇定。有时候需要做一些从未做过的事，或者需要拓宽自己的思维，这对大家来说是一个挑战。但请不要慌张，相信会一步一步完成任务的。

（6）自主选择。每个人的舒适区域是十分私密的，而且只有自己知道是否偏离了自己的舒适区。如果对思考从未思考过的事，或做之前从未做过的事感到害怕，就会失去很多学习机会。但是如果大家乐于接受新的观点与方法，就会从此课程中获益良多。

如何做好培训引导师工作？例如，一个培训项目就像一个有地基和两层房屋的房子，在组织实施培训时，培训引导师就像一个建筑师，首先要自己设计好房子的图纸，然后要指导帮助建筑工作（这里指学员或小组）一层一层地建造房子，建房子的工作是大家齐心协力完成的。这是小组任务，然而，最后建造房子任务并不落在学员个人。尽管学员个人必须盯着每一层和每一步，这样就不会遗漏。为了获取最有效的学习效果，每一层都需要教师某些方面的技能，使小组及成员们更好地合作，研究讨论方案，达成共识。培训师对所教授的课题应该知识丰富，还应了解学员的需求，阐明培训目的明白无误而且切题，并能够选择好为实现这些培训目标选对培训教材和开展相关活动。

四　培训引导师的主要工作

（1）充分准备。培训师必须仔细、充分准备好教学材料、教具、设备和视频材料，为教学进程和讨论内容拟定计划，还必须充分掌握教学材料，可以在任何时间点上、任何地方采取行动来主导讨论。

（2）建立"小气候"。当学员在相互友好的氛围中进行双向沟通时，会自由自在地和大家共享他们自己的经验和知识，也能够表述出自己的疑问并提问题。当学员受到培训师和大家之间的尊重时，就能够很容易地被吸引而融入学习进程。

（3）准确无误地说明学习任务。培训师需要引导和讲解每堂课需要完成的学习任务。学员理解学习目标和方法后，学习过程就会进展很快。有清晰的学习目标，会使学员快速地了解问题、找到合适的方法和分析工具，避免浪费时间，以造成不必要的困扰和挫折。

（4）激发学员积极性。研讨内容与学员从事的工作和职责一致时，学员会看到新技能的使用价值，就有了学习的积极性和主动性。学员们从培训中将学到什么？是新的信息？是一种新的认识？还是多种技能？这些都是培训师应思考的重要问题。

（5）娴熟地利用学员的现有知识。培训师应提前了解学员情况，能够在培训研讨过程中充分激发学员知识潜能，使学员充分利用现有知识和经验参与研讨过程。

（6）保持灵活性。培训师为了满足学员们的培训需求，要适时调整培训班目标、日程安排、时间分配和问题等。教员要将学员的经验、知识和问题融入到培训全过程。

（7）主持好讨论会。培训师要做到学员们之间信息交流畅通，要始终围绕培训班目标进行引导讨论，并将问题直接传递给学员。

（8）使用肢体语言。培训师要保持友好的面部表情，但是是中立的，要避免手和身体动作分散精力，要和学员之间有目光接触。在学员说话和表达兴趣时，培训师要靠近学员。这样可以强调对正在表述问题的重要性。

（9）避免控制结果。在学员集体讨论、思考并得到结论时，是学员收获最多的时候；当学员独立完成任务时，得到的重要回报是满足感和成就感。因此，培训师应尽量避免对问题做结论，让学员自己做出结论，但可根据经验和情况做适当点评。

五 关于培训师工具箱

培训师工具箱是指培训师在教学引导过程中，为了更好地引导学员进行充分地学习交流、讨论和分享而采用的一系列工具、方法和技巧。下面的几个章节，主要就培训师在引导培训过程中所需要的各类主要工具进行了详细描述，包括工具的使用范围、材料准备、使用方法、使用示例等，为推进培训管理者向培训引导师的角色和职能转变提供一份工具书或手边教材。

第1章 基本工具

基本工具是在培训引导过程中比较常用的、基础性的工具。基本工具可以用在培训全过程中的任何一个环节，它们的合理运用可以使培训更加顺畅高效地进行，或者使培训现场的气氛更加和谐，更好地促进达成培训目的。本章共介绍了7种基本工具，分别是谈话棒、停车场、共创愿景、角色扮演、空间游走、头脑风暴以及世界咖啡。

一 谈话棒

使用场景

在讨论中，在场学员中有一些很少发言，或有几位独占发言权的学员，这两种情况都会影响其他学员的积极性，从而无法让所有学员充分地参与讨论。

准备材料

谈话棒 → （如小球、玩偶、塑胶积木等有意思的小玩具）

操作步骤

1. 引导师向学员说明"谈话棒"的使用规则；
2. 挑选一件物品作为"谈话棒"；
3. 小组围成一圈；

4. 其他学员要看着拿"谈话棒"的人，集中精力听他发言；

5. 发言结束后，由发言者将手上的"谈话棒"随机交到下一个未发言学员手中；

6. 拿到"谈话棒"的人必须围绕主题说些什么。

注意事项

整个过程中，学员要自觉遵守规则。没有拿到"谈话棒"的学员不能发言，也不能干扰他人发言。拿到"谈话棒"的人，有可能会因为种种原因不想发言，或发言过于简短，这时其他学员应给予他心理支持，鼓励他完成发言。

使用示例

在一次小组讨论中，只有个别学员一直在发言，而其他学员都较沉默，整体讨论氛围十分沉闷，且观点单一。这时，引导师使用"谈话棒"工具，从而使每位学员充分参与到讨论中，并在此过程中小组学员间的联系越来越紧密，团队交流氛围越来越好。

二 停车场

使用场景

在有些讨论中，很容易出现跑题现象，这时需要快速识别并及时回到讨论主题，以保证讨论效率。

准备材料

白板纸 → 马克笔

操作步骤

1. 在墙上贴上一张写有"停车场"的大白纸，可以在上面画一辆小汽车等装饰使之更加形象；

2. 由引导师担任"记录员";

3. 当出现偏离讨论主旨的意见时,得到发言人的允许后,记录员将跑题意见先记录在"停车场"的白纸上,之后再回到原本的讨论中;

4. 会议即将结束时,再决定如何处理"停车场"上记录的内容。

注意事项

1. 讨论过程中,团队要及时识别出讨论中的跑题现象。

2. 在记录员与跑题发言人沟通的过程中,要注意其情绪,肯定其发言价值,保证小组良好的发言氛围。

3. 当团队内部讨论氛围热烈,团队成员关系更加亲近后,引导师可将"记录员"这一角色转交给团队成员。

使用示例

林草部门组织一场"林草援外培训人员能力建设"的讲座,讲座上分组讨论林草援外培训人员应该具备哪些能力。在积极讨论中,有一位学员在发表关于能力建设的观点后,开始对林草援外培训的历史发展及主题需求侃侃而谈。这时,团队其他学员迅速识别出该学员的发言跑题,于是及时提醒,记录员在经过发言学员的同意后把其观点写到"停车场"内。等小组讨论完全结束后,记录员组织大家再对该跑题内容进行讨论。

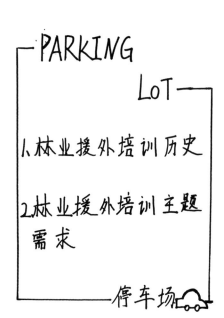

三 共创愿景

使用场景

创建愿景是一个高度参与性的过程,适用于任何规模的团队共同创建未来目标。当团队成员需要厘清并分享他们的想法、最终形成对未来目标的一致描述时,可使用该工具。

准备材料

白板纸 → 马克笔 → 各色便利贴 → 签字笔

操作步骤

1. 引导师首先设计一系列问题，这些问题都是关于未来某个时间点想要达到的目标，即愿景。将问题写在白板纸上并张贴出来，这些探索愿景的问题会根据情境有不同的表述；

2. 请每位参与者写下自己的回答，要求大家各自独立思考、静静地写，不互相交流，这个步骤至少需要5分钟；

3. 请每位参加者找另一个伙伴（最好是自己最不熟悉的），其中一个人先分享自己关于愿景探索的一个答案，另一个人聆听和澄清，这需要3~5分钟；之后两人交换角色，之前倾听的人开始分享自己的答案，也需要3~5分钟；

4. 让大家再重新选择另一个新伙伴，重复第3步的内容，只是时间比刚才要短些，鼓励大家把刚才交流中认为对方不错的点子"偷过来"，整合成自己的新愿景进行描述，分享给新伙伴；

5. 重复第4步，让大家再找一个新伙伴，这次交流时间缩短到1~3分钟，鼓励大家挑出最重要的关键点；

6. 请大家回到自己原来的座位，引导大家把各自的想法拼接起来，你会发现，这个时候大家的想法会趋于一致。

注意事项

张贴问题和答案时，留出一栏空白，方便后续对观点进行投票或修改。

使用示例

某林草部门举办了一期题为"发展中国家濒危物种进出口管理及保护官员研修班"，共有来自16个国家的49名学员参加。在分组对"希望在此次培训中达到的学习目标"进行研讨时，可以使用"共创愿景"工具，使学员们分享和分析自身培训需求，最大程度地征集大家意见，共创培训目标愿景，以达到服务培训教学的目的。

四 角色扮演

使用场景

在讲授一些实操性强、步骤多的知识或技能的场景中,使用角色扮演这一工具可以使学员更加直观地获取信息。

准备材料

符合主题的角色扮演场景

操作步骤

1. 确定主题;
2. 围绕主题设定一个角色扮演的场景;
3. 选角色扮演者,给他们 5 分钟的时间考虑如何扮演自己的角色;
4. 邀请角色扮演者开始扮演;
5. 邀请所有参训学员(包括角色扮演人员)就该情景发表并分享自己的意见和感受;
6. 角色扮演者再次准备 5 分钟后进行角色扮演,并根据之前反馈修正自己的行为;
7. 引导师总结角色扮演中学到的相关技能和知识。

注意事项

角色扮演的形式可以是挑选个别学员进行扮演,其他学员观看,也可以是分组后以小组为单位进行。

使用示例

某林草部门组织一场"林草援外培训人员能力建设"的讲座。在讲解员与学员的沟通技巧这一主题时,引导师使用角色扮演这一工具。围绕主题,引导师设定了一个这样的剧本:两位外国学员初来乍到,因网络问题和通信问题无法与身在自己国家的家人和朋友联系,情绪很不稳定,面对这样的情景,援外培训工作人员该如何应对?5分钟的准备时间过后,引导师邀请3位学员进行角色扮演,其中两位扮演学员,一位扮演援外培训工作人员。扮演结束后,引导师邀请角色扮演者和其他在场学员发表对扮演的意见和自我感受。随后,角色扮演者结合其他学员的意见,再次准备并重新进行角色扮演。最后,引导师结合角色扮演的整个过程,总结援外培训人员与学员沟通的技巧。

五 空间游走

使用场景

通常用于建立关系、分组,或者在讨论间隙用以调节学员的情绪、缓解紧张气氛,过程中也可帮助学员思考。

准备材料

空阔的场地 → 铃铛 → 愉悦的音乐 → 白板纸等

操作步骤

1. 提出问题。组织者提出问题布置任务,将问题、任务写在白板纸上。
2. 组织游走。组织者利用音乐或者铃铛引导学员进行游走,在每一轮开始、中间停顿或结束时播放音乐或摇动铃铛,引导游走有序进行。游走过程中可组织多轮配对,让学员跟尽可能多的人交流。组织者可根据活动的具体目的灵活调整游走方案。

注意事项

1. 空间游走的关键点在于游走前提出的结构化问题,根据需要达到的最终目的逐步推进讨论,引导学员进行更深层次的思考;
2. 设计问题、布置任务时,需要考虑学员之间的差异性,尽可能使学员都能轻松自由地表达观点；

3. 组织者需要时刻关注学员的状态，以便适时调整游走的组织形式。

使用示例

某培训部门组织了"新入职人员初任培训班"，在正式开始课程培训前，开展了团队建设活动，引导师利用空间游走的方式，帮助学员互相熟悉，以方便接下来的学习生活。

60 名学员被分成 3 组，在 3 名引导师的引导下分别进行空间游走。引导师布置游走的任务为"2 分钟自我介绍"，将 20 人的小组分为内外两个 10 人的圈，内圈的学员站定不动，在铃铛的引导下，外圈的学员按顺时针顺序进行游走与内圈学员相互自我介绍，直至出现人员重复。

此空间游走的目的是让学员互相认识，缩短彼此之间的距离，在接下来的培训中能相互监督学习。

六 头脑风暴

使用场景

为解决一个问题或萌发一个好创意，一组人同时思考并自由讨论，集思广益。讨论形式没有拘束的规则，所有参与人员能够更自由地思考，进入思想的新区域，从而产生很多新观点和解决问题的方法。

准备材料

白板纸 → 马克笔 → 各色便利贴 → 签字笔

操作步骤

1. 明确小组成员。人数一般 5~10 人，小组成员中行家 / 专家不宜太多，否则难以让小组成员尽情分享观点，小组成员最好有不同学科背景，小组组长要负责维持纪律，使讨论氛围保持热烈，动员全体成员参与讨论。

2. 确定讨论主题。主题应当尽可能具体。

3. 发言。小组成员在引导师的引导下开始发言，引导师要善用技巧引导发言者简洁表述自己的观点而不做任何论述，也不能对别人的观点进行评价。

4. 记录。在学员发言的过程汇总，需配有记录员进行记录，记录内容应写在白板纸上，使全体学员都能看到；或者每个发言人将自己的观点简明地写在便利贴上，发言时贴在白板上供其他学员参考。

5. 整合并总结。对头脑风暴结果进行整理，做出总结。

注意事项

1. 使用白板纸时，用深色马克笔记录。在右侧留出一栏空白，方便后续对观点进行投票或修改。

2. 如果选择使用便利贴来呈现发言人的观点，可以使用不同颜色的便利贴对不同类的观点进行区分，会使讨论过程更加有序和高效，便于总结。

3. 由于便利贴只能记录发言者观点的关键词，因此当引导师希望呈现更加详细的观点时，不适宜使用。

使用示例

在某单位组织的"履行《联合国森林文书》示范单位建设研修班"讨论环节中，关于国际履约人才能力建设的现状分析，学员分组使用头脑风暴的工具，提出了关于人才发展障碍和解决方案的各种观点。下图就是其中一个小组的讨论内容。

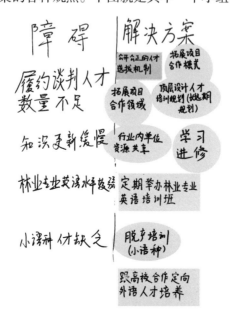

七 世界咖啡

使用场景

针对某个议题或者知识点，需要团队里所有人都参与讨论，使不同的观点和思维能够充分地分享和交流，创造出集体智慧。

准备材料

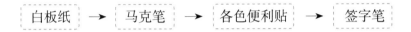

白板纸 → 马克笔 → 各色便利贴 → 签字笔

操作步骤

1. 分组就某一问题进行第一轮研讨。将所有成员分成若干组，每组4~6人，进行跟主题相关的第一轮分组研讨。每组组员思考后轮流发言，并将观点内容在大白板纸上做好记录，研讨及记录时间为20分钟。

2. 分组进行第二轮研讨。第一轮研讨结束后，各组选出1名分享人员。除分享人员留在本组外，其他组员要重新分组。在新组成的讨论组里，分享人员先向大家介绍本组上一轮的研讨成果，然后再进行第二轮研讨。研讨主题和流程同第一轮，研讨时间为20分钟。

3. 分组进行第三轮研讨。第二轮研讨结束后，除本组的分享人员留在本组外，其他组员再重新分组。在新组成的讨论组里，分享人员先向大家介绍本组上一轮的研讨成果，然后进行第三轮研讨。研讨主题和流程同第一轮。研讨时间为20分钟。

4. 复位进行小组讨论。所有人回到第一轮讨论的分组中，由分享人员就第三轮研讨的观点进行分享，然后使大家进行讨论，最终形成本组观点。

5. 研讨总结。各组依次展示讨论成果，分享集体智慧。

注意事项

1. 应用此工具需要团队总人数12人以上，至少需要90分钟。
2. 最终研讨总结在于分享，并不一定要达成集体共识。

使用示例

某林业单位援外培训部门举办了一期题为"发展中国家濒危物种进出口管理及保护官员研修班",共有来自16个国家的49名学员参加。在分组进行关于"各国的濒危物种进出口管理的有效措施"研讨时,学员们分组进行了三轮研讨,了解和讨论了不同国家根据自己国情实施的各种濒危物种进出口管理措施。

第一轮分组尝试按照学员国家地区分类,地理位置接近的国家的学员分成一组。东南亚国家两组,非洲国家两组,中亚国家一组。第二轮按照学员的职业分组,政府官员、高校和研究机构人员、国家公园技术人员、分属不同的组。第三轮按照学员工作年限分组,不同的年龄段学员分属不同的组。研讨中学员们发现,因为世界各国国情不同,出产的物种不同,各国针对濒危物种所实施的保护措施也区别很大,这些在研讨之前就已经有所预料。然而,由于各国的经济发展水平、历史沿革、政治制度、社会习俗、民间风气等因素而导致的保护措施在实施过程中遇到的阻力或者干扰,也有所不同,有的同行遇到的情况其他学员表示在研讨之前从未听说过。同时,学员的职业、年龄、所受教育等都使得对问题的分析和解决方式持有不同的见解。三轮的研讨确实充分交流了思想,碰撞出意想不到的思维火花。

第2章 调查工具

调查工具是授课教师、参训学员或者培训引导师为了了解和掌握某些信息而使用的工具，可以在培训开始前、培训进行中或培训结束后使用。本章介绍的调查工具主要包括绘制平面图、递进式提问、利益相关者分析、入场调查以及半结构访谈等。这些调查工具仅用来搜集信息，不涉及对信息进行分析、加工或者用来做决策的环节。

一 绘制平面图

使用场景

在现场教学或实地考察环节中，绘制平面图能直观反应社区概貌，可反映社区与资源的关系，能让前来学习的人员更好地了解社区的基本信息。

准备材料

大白纸 → 不同颜色的记号笔 → 相机

操作步骤

1. 应用半结构访谈和熟悉情况的社区人员了解社区基本情况；
2. 实地勘探，拍照或者用笔记记录资料，选择一个开阔的地方讨论和绘图；先勾画出社区边界、道路的范围，再描绘其他信息；

3. 小组成员分工协作，至少一人做记录，其他人一边讨论一边描绘信息。

注意事项

由于是一边讨论一边描绘信息，有可能最初画出的图比较乱，可以在完成后重新用一张白纸更清晰地再画一次。

使用示例

某林产品知识培训班组织学员赴福建省考察莆田市某木材贸易加工示范区。学员现场考察后根据了解的信息，绘制出了该示范区的平面资源图。

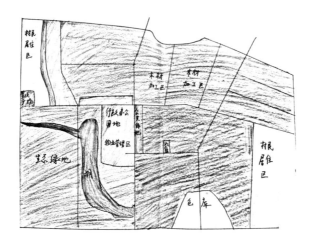

二 递进式提问

使用场景

递进式提问通过设计一系列的问题来搜集和发现团队的重要信息。当培训组织者需要在参与团队中收集和发现重要信息、做情况调查或进行某种评测时使用。

准备材料

操作步骤

1. 分析团队整体目标，并根据之前对参加者的访谈内容，设计 5~10 个问题供大家回答，且次序是从宏观到微观，这些问题都是封闭问题（回答"是"或"不是"）或是评分式问题（选择 1~5 分）；
2. 先找一人演示回答每个问题，提问时尽可能给对方一些压力，不给对方左思右想的机会，保证对方的回答是相对诚实的；
3. 把这些问题写在白板纸上，每张白板纸最上方写一个问题，先给大家看第一个问题，讨论完毕后再向大家展示下一个问题，请每个人轮流回答，在白板纸的空白处记录每个人回答的答案；
4. 接下来请大家就这个问题补充一些想法，大家讨论彼此的理由。

注意事项

引导者需要时刻做好介入和干预的准备，用清晰的逻辑来管理好不同的意见。

使用示例

某培训部门举办了一期"林业专业英语提升培训班"，共有 26 名学员参加。授课老师在培训开始前，为了更好地了解参加培训学员的英语教育水平，运用了"递进式提问"调查工具，相关情况调查如下图所示。

三 利益相关者分析

📖 使用场景

利益相关者分析这一工具大多是为了分析团队的合作者优劣或制定项目参与策略。该工具也可用于帮助不同的学员制定专属的参与形式和策略。

📝 准备材料

白板纸 → 马克笔 → 彩纸

🛒 操作步骤

1. 分组讨论。组织者将学员根据单位、部门打散分成不同的小组展开讨论。
2. 罗列所有利益相关者。尽可能详细、全面地罗列出项目、议题相关的组织和个人。
3. 全面分析。制定利益相关者在整个项目中的影响和作用分析表,全面客观地分析每一个利益相关者的正反面影响以及可能产生的作用。
4. 确定参与者。在组织者的引导下,各小组利用分级等方法确定出最终参与者。
5. 制定参与策略。小组讨论制定每个利益相关者的参与策略,根据项目的各个阶段的目标制定每个利益相关者的活动。

利益相关者在项目中的影响和作用分析表

利益相关者	受到的影响	发挥的作用
A		
B		
……		

利益相关者参与策略分析表

活动 / 利益相关者 / 阶段	A	B	……
阶段 I			
阶段 II			
……			

📖 注意事项

1. 组织者在整个过程中不作决定只起到引导作用；

2. 讨论的主题要尽量具体，这样才能保证后期讨论影响和作用时更加深入、更贴近实际工作；

3. 罗列利益相关者的时候，要详尽、细致、具体，不能笼统、模糊，最好具体到组织名、人名；

4. 影响和作用可以是多方面的，包括正面和负面，分析时必须全面具体；

5. 利益相关者在项目的每个阶段参与度可以是不一样的，所以参与策略是利益相关者在整个项目中的动态变化。

📋 使用示例

"地方林业领导干部保护地专题培训班"中设计安排了"自然保护地体系建设中的重点、难点问题"的研讨内容，讨论的一个重点是建设过程中各职能部门的作用，利用利益相关者分析得到了参与策略分析表。

参与策略分析表

活动 / 利益相关者 / 阶段	保护地司	地区林草局	国家公园、自然保护地	当地居民
制定规章	主要制定 ***	配合工作	配合工作	
调查评估	分配调查任务	具体实施 ***	具体实施 ***	配合调查
规划设计	主要设计	配合工作 ***	配合工作 ***	
具体实施	分配任务	具体实施 ***	具体实施 ***	配合实施
监督管理	总体监督 ***	接受监督	接受监督	协助监督 ***

四 入场调查

使用场景

在培训或会议开始之前，通过简单的调查想要对团队成员知识背景情况或某些观点看法进行一个迅速的了解。该工具可以用来做培训或会议开场前的调研、破冰、设定或明确会议或培训目标、发现挑战、鼓励思考、讨论对话、信息收集、建立连接、激发能量、分享、理清现状、分析问题、回顾复盘等。

准备材料

白板纸 → 马克笔 → 电子问卷等

操作步骤

1. 引导师设计入场调查；
2. 学员回答入场调查问题；
3. 引导师对回答情况进行总结或引申。

注意事项

1. 如果会议或培训规模较小，可使用海报形式的入场调查；若规模大、人数多，可通过发放电子问卷。
2. 引导师在设计入场调查问题时，要考虑问题的有效性，即该问题在会议或培训中是否能够帮助达到培训目的。
3. 入场调查的类型有许多，根据实际情景和问题设置可以现场提问，也可以设计简单问卷，甚至可以设计一个小测试或者练习题等。引导师要根据实际情况灵活使用不同类型的入场调查。

使用示例

某林草部门组织一场"林草援外培训人员能力建设"的讲座。在讲座开始之前，引导师想对在场人员相关知识做一个简单的摸底。因此，他首先提出一个问题"选出你认为林草援外培训人员应该具备两种最重要的能力"。结束后，引导师对结果进行总结并与在场参会者讨论。

五　半结构访谈

📖 使用场景

在培训或会议中，在需要对学员需求、会议/培训效果等方面进行精准把握的情况下，工作人员与学员可进行直接对话访谈。该场景下，灵活度低的结构化访谈不利于发掘更多信息，灵活度过高的非结构化访谈无法在较短时间精准捕捉有效信息，因此，要使用针对性较强同时兼具灵活性的半结构访谈对学员进行引导。

✏️ 准备材料

🛒 操作步骤

1. 了解培训或会议内容；
2. 确定访谈目标；

3. 分析访谈对象；

4. 根据访谈目标列出访谈问题提纲；

5. 对访谈中可能出现的情况要进行初步分析，从而更加有效地开展访谈活动；

6. 进行访谈，并根据实际情况灵活调整访谈问题。

注意事项

访谈前访谈人应做好充分准备，考虑到访谈过程中出现的各种可能性。

使用示例

在某单位组织的林业援外培训中，工作人员想了解学员对林业援外培训的个人需求，决定采用"半结构访谈"的方式对学员进行调查。

1. 确定此次访谈的目标是"林业援外培训个人需求"，因此，工作人员首先对历年林业援外培训情况进行大概梳理；

2. 工作人员对学员进行分析，了解到他们来自世界各地，其中非洲最多，接着依次是亚洲、拉丁美洲、欧洲和太平洋地区；

3. 工作人员根据访谈目标和访谈对象情况制订了适合的访谈提纲：

（1）为什么要来中国参加林草援外培训；

（2）林草援外培训主题个人需求；

（3）林草援外培训授课方式个人需求。

在访谈过程中，工作人员发现除了提纲中所列需求外，来中国培训学员在生活方面也有需求，于是工作人员灵活调整自己的问题，增加了对学员生活需求的了解。

第3章 分析工具

分析工具是指在培训过程中,对所掌握的信息或者学员的意见进行汇总分析所使用的工具。分析工具的运用可以使各种信息和各方意见能够更加直观和全面的呈现,使培训产出更加高效和准确。本章介绍的分析工具包括SWOT分析、思维导图、问题树/对策树、要素图、成对比较分析法、供需对话、4W1H、亲和图、as is to be以及大事记。

一 SWOT 分析

使用场景

SWOT分析是从优势(strength)、劣势(weakness)、机会(opportunities)、威胁(threats)4个角度分析问题的工具。其中,S(优势)和W(劣势)重在分析研究对象的长处及短板,O(机会)和T(威胁)重在分析当前所处的环境因素。根据SWOT分析的结果可以制订出相应战略及计划,帮助解决问题。

准备材料

[白板纸] → [马克笔] → [便利贴]

操作步骤

1. 准备好白板纸和马克笔，将白板纸分为S、W、O、T四个区域；
2. 将研究对象的特征分为优势和劣势，并分别列举出来；
3. 将外部环境分为机会与威胁，并分别列举出来；
4. 综合分析研究对象的特征和外部环境，讨论今后发展的重点和方向。

注意事项

尽可能多地列出优势与劣势、机会与威胁，深层次挖掘自身特征和环境情况，剖析不应只停留在表面。

使用示例

某林草部门开展关于"林草从业人员能力建设"主题的培训。培训的主要目标是找到当前林草从业人员能力提升的渠道和发展方向。通过SWOT分析法，分析当前业内人员自身的优势和劣势，找出环境中存在的机会和威胁，找到能力发展的局限所在，从而制定出符合当下的适合林草从业人员的能力建设方法。

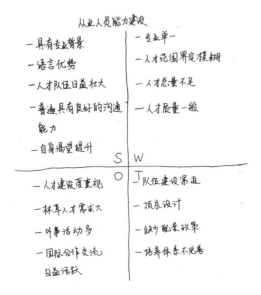

二 思维导图

使用场景

确定主题后，讨论分支内容较为模糊不清时可以采用此方法。用思维导图的方法围绕一个笼统的主题探讨，不受逻辑思维约束，可以引发更多的思考和想法，使得讨论内容更为丰富多样。

准备材料

白板纸 → 马克笔

操作步骤

1. 在白板纸上写出讨论的主题或概念；
2. 将主题作为中心，由主题向四周呈放射状写出分支内容；
3. 在分支上写上关键词；
4. 发散思维，将能想到全部内容作为分支标注在白板纸上。

注意事项

1. 每个思维导图的主题只有一个；
2. 主题和分支的关键词要简单明了，不要太过冗长，不要把内容全写上去；
3. 不同内容的分支可用不同颜色的马克笔，便于分类和区分；
4. 射状图表表现形式可以随意，但要清晰明确，让人一目了然。

使用示例

某林业部门开展主题为"林业引导师能力技巧提升"的培训班。该班的参训学员皆为意在成为引导师的林业培训从业者，学员本身具有一定的引导技巧和经验，但还需要进一步丰富引导技巧、提升引导能力。通过思维导图的方法，帮助参训学员发散思维，从聆听、观察、交流、引导四个方面入手，找到提升引导能力技巧切入点和抓手，从而找到一种能够切实提高引导技巧的方法，培养出更多优秀的林业行业专业引导师。

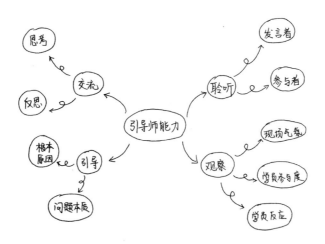

三 问题树/对策树

使用场景

问题树：引导师组织学员就所聚焦问题的原因进行逐层分析，挖掘不同现象背后的更为具体原因，并以这种"从大到小"的逻辑关系引导大家找出问题根源所在。

对策树：这种方法可看作是"问题树"的倒推，通过对"问题树"分析得到的根源问题，尝试性提出解决办法，在这个"自下而上"过程中，尽可能完善在"问题树"中提出的原因与结果之间的逻辑关系。

准备材料

白板纸 → 马克笔 → 便利贴

操作步骤（问题树）

1. 引导师对工具进行详细说明，利用实际案例帮助学员理解该工具用法；
2. 引导学员聚焦核心问题；

3. 开展小组讨论，分析罗列核心问题的表现；
4. 就每个"表现"开展研讨，出现这种现象的直接原因是什么；
5. 对上一阶段的直接原因进行进一步分析，得到"导致原因的原因"；
6. 通过上述逐级分析，最终找到根源问题，汇总各个分支，形成完整的问题树。

操作步骤

1. 对工具进行解释说明；
2. 组织学员重温上一步骤总结的问题树，找到最终原因次一级原因，以正面的语言将问题改写为对策；
3. 梳理逻辑关系，确认上下级间是因果关系，发掘解决问题的新角度，补充问题树中的不足；
4. 总结各组研讨结果，汇总成为最终对策树，引导学员审核不同层次间的逻辑性，最后达成共识。

注意事项

1. 在聚焦核心问题时，预感到问题树可能会过于庞大，此时可以让各小组在第一次分析得到直接原因中进行选择，以小组为单位就选择的原因再进行问题树分析，最终汇总为整体问题树；
2. 分析要具体，避免笼统描述；
3. 在寻找原因过程中，要注意避免"原因"和"原因导致的结果"二者的混淆。

使用示例

某次"林草行业全国国有林场场长培训"中，聚焦"阻碍林场改革发展的原因"采取问题树/对策树分析法，引导学员逐级分析所产生的问题原因，找到根源问题后，使用对策树分析法，尝试提出解决方案，开拓学员的工作思路。

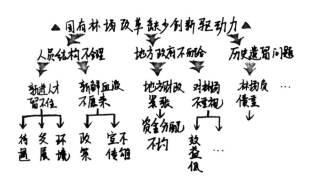

四 要素图

使用场景

为了实现某个目标，往往需要与团队一起冷静分析，判断影响此目标的各个要素。只有将各要素考虑到位，才能提高实现目标的概率，这是一种能够在短时间内快速达成目标的方法。当需要完成某一确定的目标时，可使用此方法展开讨论与分析，以最有效的方法达成目标。

准备材料

白板纸 → 马克笔

操作步骤

1. 将目标分解为各要素；
2. 将各要素间的关系明确画出来；
3. 估算各要素达成目标的概率，再计算达成最终目标的概率；
4. 如果算出达成目标的概率较低，则需要提出改进的方法。

注意事项

1. 尽量列出所有想到的要素，分得越细，各要素达成的概率就越高；
2. 引导师要引导学员深入探讨，挖掘出真正的影响要素。

使用示例

某林业单位承办中国人力资源开发援外培训项目，招生对象主要面向亚洲、非洲、拉丁美洲等发展中国家的林业政府官员。在援外培训项目中，招生工作是重中之重，也是难点所在。统计培训班的参训

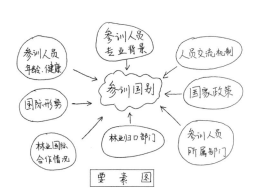

要素图

学员国别可发现,每一期学员的国别都不尽相同。为了让更多国别的学员来中国参训,该单位培训部门人员召开了培训讨论会议,探讨影响外国学员来中国参训的各要素,从而达到扩大林业援外培训影响力的目标。

五 成对比较分析法

使用场景

方案或想法数量较多,难以确定主次和轻重;对于方案或想法的选择有精准度要求。

准备材料

白板纸 → 马克笔 → 直尺

操作步骤

1. 制作图表。假设有 A～J 共 10 个方案,将 10 个方案分别写在第一行和第一列上。为防止重复比较,在"A 行 A 列"与"J 行 J 列"间画一条对角线(如下表所列)。

2. 成对比较。将方案 A 与方案 B～J 进行成对比较,写下优先方案;按此方法,各方案依次比较。

3. 统计排序。成对比较结束后,统计各方案出现的次数,并进行排序,可以得出各方案的优先级别。

方案	A	B	C	D	E	F	G	H	I	J
A										
B	B									
C	C	B								
D	D	B	D							
E	E	B	C	D						
F	F	B	C	D	E					
G	A	B	C	D	E	F				
H	H	B	C	D	E	H	H			
I	A	B	C	D	E	F	G	H		
J	A	B	C	D	E	F	G	H	I	
出现次数	3	9	7	8	6	4	2	5	1	0
次数排序	7	1	3	2	4	6	8	5	9	10

注意事项

1. 实际操作中，出现次数可能会有相同，部分对比或有矛盾，属正常情况；

2. 快速统计出现次数，只用观察相关行列即可，如统计 G 出现的数量，只需观察 G 行 G 列。

使用示例

某林业单位培训管理部门举办了一场题为"林业培训工作者能力提升"的培训班，在讨论林业培训工作者何种能力更为重要时，学员们需要对头脑风暴产生的各项能力进行排序，他们利用成对排序法进行了比较。

通过成对比较，学员们得出了各项能力的重要性排序：组织协调能力、身体素质、培训理论、同理能力、引导技能、林业政策知识、林业学科知识、科研能力。以此为基础，学员们接下来开始讨论如何培训和提升这些能力。

六 供需对话

使用场景

供需对话是一种引导工具，它有利于改善对话各方的关系，并使得需求被浮现，推进正向、积极的氛围。当双方有冲突、隔阂、不了解、分歧等需要改善关系、强化交流的时候，可以使用此方法作为沟通的工具。如加强部门间的相互配合、上下级的沟通及团队成员的相互协作等。它可以通过建设性的对话，帮助合作双方或多方找到改善关系的行动方案。

准备材料

操作步骤

1. 与学员讨论，确认想要达成的目标；
2. 在白板纸上写下共同目标；
3. 用便利贴记录下双方的分歧和意见；
4. 提出解决方案。

注意事项

1. 开始前要做好准备工作，营造适合的对话氛围；
2. 学员必须是利益相关者；
3. 需要明确参会方的共同目标；
4. 关注目标而非具体的问题。

使用示例

培训师为了更好地实现课程目标，实现学员的学习目标，在培训内容正式开始前及培训期间与全体学员进行供需对话。培训师和学员对双方分别提出需求，双方分别对对方的需求进行回应，并最终确定课程的规则、形式等。

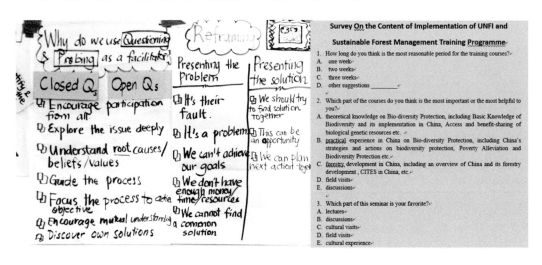

七 4W1H

使用场景

4W1H 中，4W 是指英文中的 What/Who/When/Why，1H 是指英文中的 How。适用于一次培训研讨结束，要求学员制作可落实的行动方案时使用；或因整场活动的节奏控制需要，需要引导学员进行高效表达、反馈时使用。通过制定具体的可操作性的措施方案，促进行动计划或目标反馈的落实。

准备材料

白板纸 → 马克笔

操作步骤

1. 引导师对工具进行简单说明；
2. 带领学员制作表格；
3. 解释表格填写要求；
4. 引导学员进行填写；
5. 组织学员对表格内容进行确认。

注意事项

1. 要强调表格内容的可执行性；
2. 可邀请相关组织者或项目负责人从旁监督；
3. 引导师要按照约定时间进行检查，并通告检查结果。

使用示例

在某次地方市林草行业系统内部培训中（参训学员来自各个岗位），前期研讨已经结束，现在的目标是要带领学员制作落实方案。为了让方案更好落地且可被监督，引导师使用4W1H工具，引导学员进一步明确目标责任，制订方案执行期限，明确负责人信息，罗列保障措施等。

> □ 方案落实 □
> 目标：保质保量圆满完成任务
> (Why)
> 负责人：李某、王某（配合）
> (Who)
> 负责内容：监督整改方案落实
> (What)
> 完成时间：2019年10月15日（初检），10月25日（终检）
> (When)
> 保障措施：(1) 成立检查小组 (2) 各部选定负责人
> (How)　　　 (3) 随机抽查 (4) 定期通告结果

八　亲和图

使用场景

亲和图可以对思路进行归纳整理，并可以激发灵感，产生新的想法。一般而言，使用亲和图可以解决牵扯方面较多的复杂问题，也可以解决新出现的问题。

准备材料

白板纸 → 便利贴 → 笔

操作步骤

1. 将主题写在白板纸上端，确保所有人可见。
2. 让所有人在时限内将每一个想法写在一张便利贴上，语言尽量简练，并将想法归类后放置在一起，在卡片上写下类别名称，形成小组；难以归类的可以暂时单列。
3. 摆出所有卡片，根据相似性或关联性，将小组合并成中组，并为其命名；不能归类的自成一组。
4. 把中组卡片中内容相似的归纳成大组，并为其命名；不能归类的自成一组。

5.将所有分门别类的卡片,以其隶属关系,按适当的空间位置贴到事先准备好的大纸上;所有人员共同讨论,进一步理清关系,统一认识,激发新思路。

注意事项

在亲和图形成的过程中,要注意避免惯性分类思维,因为亲和图的一个重要功能是发现新思路,开发新潜能。

使用示例

某培训部门计划编写有关引导师技能的图书,这是部门第一次编写此类图书,一筹莫展。部门利用亲和图工具,集思广益,激发灵感。

九 as is to be(理想与现实)

使用场景

适用于研讨主题的"现状"和"理想状态"不够清晰,学员对于二者认识未能达成广泛共识的情况。需要说明的是,as is to be 仅仅分析现实状态和理想状态分别"是什么",而对于"现实和理性为什么会有差距"和"怎样做才能缩小现实和理想的差距"不做进一步分析。

准备材料

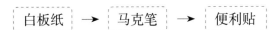

操作步骤

1. 拿出一张白板纸，在顶部分别写上"As is"，一边写上"To be"；
2. 向学员进一步解释，什么是"As is"（现状）和"To be"（理想状态）；
3. 组织学员在便利贴上分别写出，自己所认为的"现状"和"理想状态"是什么，完成后贴于白板纸的对应栏中；
4. 组织学员对所有便利贴上的内容进行归纳总结，去掉重复内容，增加新想到的内容；
5. 组织学员对最终结果进行确认。

注意事项

1. 引导师在解释什么是"现状"和"理想状态时"，以贴近研讨主题的实际案例举例为佳；
2. 鼓励学员尽情书写自己的认识，不限制内容，但可限制最低条数；
3. 归纳总结阶段要尽可能照顾每位学员的想法和建议，如果有疑义，可组织大家进行限时讨论；
4. 引导学员确认最终讨论成果，确认的方式可采取多种形式，如引导师与学员角色翻转、小组之间世界咖啡等。

使用示例

某次林草业行业全国处级领导干部培训班中，以"如何就目前扶贫工作中的重点难点问题开展高效行动"为主题开展研讨，在研讨第一阶段，引导师通过使用"as is to be"工具带领学员分析现状，明确期望目标，并就头脑风暴成果达成共识。通过对比"现状"与"理想状态"的差异，从中挖掘工作思路，为下一步制定行动方案打好基础。

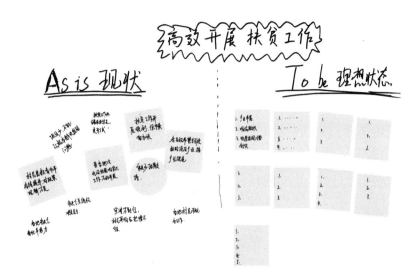

十　大事记

📖 使用场景

对一个项目、地区进行情况调研可以使用此工具。大事记是一种研究问题的角度，可以以访谈、问卷、群体头脑风暴等形式开展。

📝 准备材料

纸 → 笔

🎬 操作步骤

1. 根据主题，拟定访谈大纲；
2. 选择了解项目和地区的访谈对象，必要时可以包括利益相关方；
3. 访谈时，让对象从事件发生的时间、地点和影响等方面描述，做好笔记。

📖 注意事项

1. 访谈应把握好节奏和方向，可按照早期、中期、近期等时间逻辑；

2. 访谈对象认为的大事可能不符合访谈者的标准，属正常，应如实客观记录。

使用示例

某单位举办为期 21 天的中国林业对外援助培训项目，在项目末期，班主任计划对培训班进行总结评估，采用的方法之一是大事记。为了便于操作，班主任以国家为单位，进行了小组访谈，每组约 20 分钟。通过梳理，得到以下结论（部分）。

A 国大事记：

前期：飞机提前落地，未能及时对接；学习中文和一些比较有趣的小游戏；第三天老师迟到。

中期：长城非常雄伟；无法使用宿舍中文版计算机写国家报告；很幸运能够在四川看到大熊猫。

后期：有学员身体不舒服。

B 国大事记：

前期：饮食不习惯。

中期：有学员遗失护照；有学员在课堂上过于活跃，影响秩序；给学员过生日很暖心；××老师的讲课非常精彩。

后期：生病的学员很幸运得到了及时救治；回京后我们抽空自己去购物。

第4章 决策工具

决策工具是指在培训过程中使用的能够帮助整个团队做出决定的工具。决策工具的使用可以更清晰地权衡各种利弊，筛选各项条件，使决策的过程更加顺利、结果更加接近目标。本章介绍的决策工具包括决策树/目标树、帕雷托分析、决策矩阵以及多轮投票法。

一、决策树/目标树

使用场景

决策树能够帮助我们做出决定，当遇到无法做出决定的事时，我们可以画个决策树，筛选所有选项并权衡利弊，这样不仅使学员的意见更容易达成一致，也能帮我们迅速应对随后可能会发生的变化。

准备材料

白板纸 → 马克笔

操作步骤

1. 召集所有相关人员写出影响决策的几项关键内容，在决策节点处用分支表示；
2. 展开关键内容，用便利贴写出，并在各分支上标出；

3. 根据分支内容找出对策；

4. 意见不一致时，可以将其用特殊颜色标出。

注意事项

1. 所有想到的内容均为不确定因素，因此该讨论没有正确答案，只要讨论成员都认可即可；

2. 要以实际经验加以辅助，以团队认可为目标引导讨论。

使用示例

某林业单位培训班的管理水平需要加强，工作反复、分工不明确，致使人员工作交错重复。为了提高管理水平，改善工作状态，该单位培训部门组织了一次相关的座谈会。会上采用决策树的方法，展开了讨论。最终在大家的努力下，总结出了几个关键点，在今后的培训中将逐个适用，真正起到改进培训质量的目的。

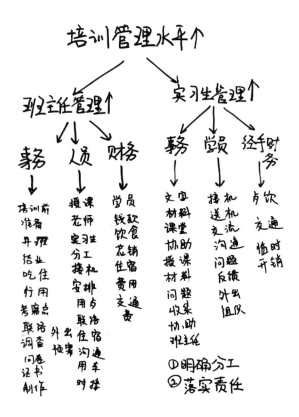

二 帕雷托分析

使用场景

适用于引导师带领学员分析复杂问题，梳理思路，提升处理所聚焦问题效率的教学场景。

准备材料

白板纸 → 马克笔 → 便利贴

操作步骤

1. 引导师对工具进行简要说明；
2. 组织学员罗列目前围绕重点任务所开展的各项工作；
3. 组织学员对所列工作的重要性进行投票，选出得票最低的几项，组织学员头脑风暴，讨论得分低的原因，最后提议对这几项进行"抛弃"处理，如放弃讨论、可购买社会化服务、减少相关主题讨论研究时间等；
4. 组织学员进行最终确认，明确最重要的是什么，接下来可以"抛弃"的是什么，引导学员达成共识。

注意事项

1. 罗列目前所需要做的具体工作，而且要符合解决问题的思路；
2. 明确"抛弃"的意义在于集中资源先处理重要工作，并不是完全不做或者忽视。

使用示例

某次地方林草行业培训过程中，引导师组织学员就"如何提升基层林业干部依法履职能力"开展主题研讨时，采用帕雷托分析法工具，帮助启发学员对目前现状进行分析总结，找出最重要、最紧迫工作任务，为进一步提升工作效率提供有效支持。

三 决策矩阵

使用场景

决策矩阵是一种量化的评价排序工具，使用者往往有多种选择或方案，评价这些选择或方案又有多重标准。通过决策矩阵的量化评价，使用者可以得到相对合理地选择。

准备材料

白板纸 → 马克笔

操作步骤

1. 确定所要比较的选择或方案，确定评价标准；
2. 根据标准的重要性，为其赋值（权重），数值越大重要性越高。假设有A、B、C三条评价标准，可以设置总分10分，A为5分、B为3分、C为2分；
3. 依据某一标准对选择或方案进行评价时，可设置3个档次：高、中、低，并降序赋值（权重）如3、2、1；
4. 将评价标准值与评价档次值相乘，并依次相加，便可以得到某一选择或方案的总分；以此方法计算出所有选择或方案的得分，进而比较得出优选项。

注意事项

1. 可根据需要评价标准和标准档次的赋值，一般来说，数值范围更大，精确度更高；
2. 得分项最高未必是最优选项，但可为做出决策提供有益参考。

使用示例

援外培训班进行课程设计时，为增强培训效果，针对培训形式，工作人员利用决策矩阵进行确定。

首先，设定培训效果的标准及其权重，经讨论，结果如下：内容充实（5分）、生动有趣（3分）、认识中国（2分）。

其次，确定授课形式，并使用"3、2、1"分别表示"高、中、低"3个层次。授课形式包括：课堂讲座、现场教学、交流座谈、文化考察、文化体验绘制矩阵图，并进行评估和计算，得出优先项。

由此可以得出结论：课堂讲座应占课程总量的多数，现场教学、交流座谈、文化考察可以适当平均安排。

标准\形式	内容充实〈5分〉	生动有趣〈3分〉	认识中国〈2分〉	总计
课堂讲座	3 / 15	1 / 3	2 / 4	22
现场教学	2 / 10	2 / 6	2 / 4	20
交流座谈	2 / 10	2 / 6	2 / 4	20
文化考察	1 / 5	3 / 9	3 / 6	20

四　多轮投票法

使用场景

已有数量较多的想法或可能性，小组需要从中选出特定数量的优先项。

准备材料

白板纸 → 马克笔

操作步骤

1. 整理所有的想法或可能性，进行同类合并，之后为选项进行数字或字母标记，并将其悬挂以便所有成员可见；
2. 根据选项数确定小组成员持有的票数，一般为5票，也可根据实际增减票数；
3. 投票并计票，提取出得票数靠前的选项，如前十名；进行二轮投票，提取出得票数靠前的选项，如此重复，直到得到最终期望的选项数。

注意事项

可以就不清楚的问题进行讨论和澄清，但不应该对投票施加影响力。

使用示例

某部门制定第二年培训计划，暂定举办5期援外培训。根据往年举办情况以及最新热点，可供决定的培训主题有15个，分别是：森林可持续经营、森林执法与施政、CITES履约、荒漠化治理、林业减贫、林业应对气候变化、林业项目开发、森林防火、集体林权改革、自然保护区管理、野生动物保护、履行《联合国森林文书》、林业治理能力提升、造林技术和森林景观恢复。

经过三轮投票，最终确定森林可持续经营、森林执法与施政、林业应对气候变化、林业项目开发、CITES履约5个主题。

主题	一轮	二轮	三轮	入选
SFM	正	正	正	✓
FLEG	正	正	正	✓
CITES	正	正	正	✓
荒漠化	T	0	/	
森林文书	T	F	T	
森林防火	—	0	/	
造林技术	—	0	/	
气候变化	T	F	正	✓
项目开发	T	F	F	✓
林业减贫	T	0	/	
野保	T	F	T	
治理能力	—	0	/	
保护区管理	0	/	/	
林改	0	/	/	
森林景观	0	/	/	

第5章 评估工具

评估工具是指在培训进行中或培训结束后，针对某些预期目标、期望或者实际结果进行评估所使用的工具。评估工具可以使授课教师、参训学员或者培训组织者更加清楚地了解期望和现实的差距，更准确地制订下一步的行动目标或改善工作方法。本章介绍的评估工具包括立场分析、GAP 分析和问卷调查。

一 力场分析

使用场景

在一些培训或会议中，团队已经明确了所处现状和预期目标之后，还想进一步分析如何达成目标。力场分析适用于分析现状和目标之间的差距，从而产生行动方案。

准备材料

白板纸 → 马克笔

操作步骤

1.在白纸上写上一个巨大的"T"字，然后在"T"字的右上方写上"实际状态"和"期望状态"。

2. 在"T"字的左边写上"推动力",代表能够促进实际状态达到期望状态的方式;右边写上"抵抗力",代表阻碍实际状态达到期望状态的方式(为了更直观地理解力的大小,可以用箭头的大小来体现)。

3. 通过头脑风暴方式,讨论解决方案。讨论顺序依次为:如何减小"抵抗力",如何进一步提高"推动力",是否能增加新的"推动力"。

4. 总结研讨中的新发现,结束活动。

注意事项

讨论过程中,可灵活运用其他小工具,如谈话棒,确保团队成员尽可能多地参与讨论;又如停车场,保证讨论不跑题。

使用示例

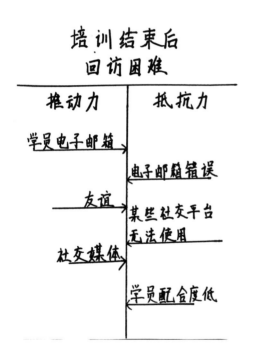

某林草部门组织一场"林草援外培训人员能力建设"的讲座,会上讨论到目前林草援外培训面临的一大问题是:培训结束后,工作人员与学员无法保持长期的联系。

首先,引导师让在座学员对目前与学员建立的关系状态进行打分,然后共同设定理想状态分数;

其次,让小组成员分组讨论实现目标的推动力和抵抗力分别有哪些;

再次,小组通过头脑风暴讨论如何处理抵抗力、提高推动力,增加的推动力;

最后,经过总结,在场参会者提出解决这一问题的方案为:建立专门的援外培训社交平台。

二 问卷调查

📖 使用场景

问卷调查是收集意见和建议的最基础工具之一，可用于项目的各个阶段，前期可帮助项目的设计，中期可协助调整方向，后期则可得到有效反馈。

📝 准备材料

问卷调查表

🎬 操作步骤

1. 设计问卷。分析调查对象结合调查目的，有针对性地设计问卷调查表，设立问题的有效性标准，使问题答案能够量化分析。
2. 填写问卷。组织者组织参与者进行问卷调查的填写，可发放纸质问卷，也可通过网络收集问卷答案。
3. 统计分析。组织者将问卷调查结果进行统计分析，通过绘图、制表等方法得到最终结果。

📖 注意事项

1. 问卷的每个问题必须单一明确，不能包含多个问题维度；
2. 问题的语义必须清晰明确，针对性要高，不能含糊其辞；
3. 问卷的用词不宜过度学术化，尽量简洁明了。

📚 使用示例

在林草培训管理者培训班中，为更加全面、深入、客观地了解广大林草干部对教育培训的期望和要求，推进干部教育培训理念和方式方法创新，进一步提高干部教育培训工作质量，设计了针对培训时长、方式方法相关的调查问卷。

林草干部教育培训情况调查问卷

一、您的基本情况

1. 您的年龄：[单选题]

☐ 35 岁及以下　　　☐ 36～45 岁　　　☐ 46～55 岁　　　☐ 56 岁及以上

2. 您所在单位属于：[单选题]

☐ 行政机关　　　　　☐ 公益一类事业单位　　　☐ 公益二类事业单位

☐ 自收自支事业单位　☐ 企业　　　　　　　　☐ 其他单位

3. 您所在单位隶属：[单选题]

☐ 国家林草主管部门　　　　　　　☐ 省级林草主管部门

☐ 地市级林草主管部门　　　　　　☐ 县级林草主管部门

4. 您的职级：[单选题]

☐ 一般科员　　☐ 科级　　☐ 县处级　　☐ 司局级　　☐ 其他

5. 您的文化程度：[单选题]

☐ 博士　　☐ 硕士　　☐ 大学本科　　☐ 大学专科　　☐ 高中（中专）及以下

6. 您的专业背景：[单选题]

☐ 林学　　　　　☐ 管理学　　　　　☐ 其他专业

7. 您的职称：[单选题]

☐ 高级　　　☐ 中级　　　☐ 初级　　　☐ 无职称

二、您觉得应该如何高效开展培训

8. 您觉得脱产培训几天较为合适？[多选题]

☐ 3 天以内　　　☐ 5～10 天　　　☐ 10～15 天

☐ 1 个月左右　　☐ 3 个月左右　　☐ 半年

9. 您觉得在培训中需要重点学习哪些内容？［多选题］

□ 政治理论　　　　　　　　　　□ 党性修养

□ 道德品行　　　　　　　　　　□ 政策法规

□ 与工作有关的业务知识　　　　□ 通用能力

□ 其他 _____

10. 您觉得在培训中需要安排哪些教学方式？［多选题］

□ 课堂讲授　　　　　　　　　　□ 案例分析

□ 微型调研　　　　　　　　　　□ 小组研讨

□ 情景模拟　　　　　　　　　　□ 现场教学

□ 辩论比赛　　　　　　　　　　□ 论坛教学

□ 经验交流　　　　　　　　　　□ 其他 _____

11. 您觉得培训应注重哪类效果？［单选题］

□ 理论性　　　　　□ 时效性　　　　　□ 实用性

12. 您觉得通用能力方面应安排哪些内容？［多选题］

□ 写作能力　　　　　　　　　　□ 政策把握及决策能力

□ 分析解决问题能力　　　　　　□ 创新能力

□ 组织管理和团队领导能力　　　□ 应对突发事件能力

□ 调查研究能力　　　　　　　　□ 学习能力

□ 沟通协调能力　　　　　　　　□ 心理调适能力

□ 其他 _____

13. 您觉得哪类教师授课比较符合培训需求？［多选题］

□ 党校、行政学院（校）的专职教师　　　□ 领导干部

□ 高等院校、科研机构的知名专家学者　　□ 优秀企业家

□ 各类先进模范人物、优秀基层干部　　　□ 上级有关文件政策的起草参与者

□ 本领域领导和业务骨干

第6章 综合工具

综合工具是指使培训师在培训引导过程中所遵循的某种思维方式或行为规范,并且在调查、分析、决策、评估等环节可以与其他工具一起使用,以期取得更好的培训效果。本章介绍的综合工具包括 ORID、SOAR、PREP 以及六项思考帽。

一、ORID

使用场景

ORID 即为焦点讨论法,是一种循序渐进,不断接近问题核心的引导工具,它从4个层面展开提问,分别为客观性问题(objective)、反映性问题(reflective)、诠释性问题(interpretive)和决定性问题(decisional)。

客观性问题:事实和外在情况;
反映性问题:客观事实或情况引起的内在感受;
诠释性问题:对于意义、目的、重要性、价值等的思考;
决定性问题:行动方向和更好的做法。
焦点讨论法是一种思维方式,可以用在培训的各个环节,作用包括激发学习动机、引起互动、深化反思、促进行动等。

准备材料

白板纸 → 马克笔

操作步骤

ORID 操作的关键在于问题是否相关和有效。引导师在面对明确主题时，既可以按照 4 个层次依次设计问题，也可以先列出问题后按照 4 个层次进行分类筛选，后者更加适合初学者，因而在此介绍。

1. 列出问题。运用头脑风暴，写出所能想到的有关问题。

2. 筛选分类。对于问题的筛选首先考虑与主题的相关性，即问题能否实现引导的目标，删除弱相关、不合适的问题；在此基础上，对问题按照客观性问题、反映性问题、诠释性问题、决定性问题 4 个层次进行分类。

3. 优化问题。问题分类之后，对问题从针对性、友好性等方面进行优化，提升问答效果；具体而言，应考虑：问题明确，一次提问不宜过多；问题是否清楚易懂；难度适合、不涉敏感。

注意事项

1. ORID 是一套综合性方法，在不同使用场景中，对 4 个层面问题的关注程度可能不同；

2. 问题设置之后，可以自己或请其他人进行回答，确认问题的合适性。

使用示例

某单位举办公众演讲能力提升培训班，引导师在课程开始时，利用 ORID 问题对学员进行了情况调查，了解学员的水平，并激发他们的学习积极性。为此，引导师设计了下列问题。

客观性问题：

1. 你是否进行过正式场合的公众演讲？

2. 最近一次的公众演讲时是什么时候？有多少人？什么主题？

3. 你是否有喜欢的演说家或者很会说话的人？

反映性问题：

1. 你在公众演讲中面临的最大问题是什么？

2. 你有没有遇到过自己或他人演讲中出现的尴尬情形？是什么？
3. 你在公众演讲中的心情是怎样的？

诠释性问题：
1. 提升演讲能力对于你的生活有什么影响？
2. 提升演讲能力对于你的工作有什么影响？

决定性问题：
1. 你想通过此次培训学习到什么？
2. 你是否愿意在以后利用一切机会锻炼能力？

二 SOAR

使用场景

SOAR多使用于战略规划之时，是一种基于优势的分析工具。SOAR分别代表优势（strengths）、机会（opportunities）、渴望（aspirations）和成果（results）。该方法能够促使大家积极地思考与行动，跳出常规的思维模式，用创新的方法和思路创造各种可能性。

准备材料

白板纸 → 马克笔 → 便利贴

操作步骤

1. 将白板纸分成4个区域，分别是S、O、A、R；
2. 将参与者分成4组，分别填写4个问题，尽可能多地记录关键词；
3. 给大家15分钟时间进行讨论，深层次挖掘这4个问题。

注意事项

1. 小组内学员要开阔思维，不要局限在单一想法中；
2. 充分调动学员的参与度，提升活跃程度；
3. 深入挖掘自身的优势、机会、渴望和成果。

使用示例

某林业部门举办关于"如何选取培训班主题"的培训，该培训主要针对林业培训相关部门的人员开展。选取培训班主题是培训班前期筹备工作中的重要一项，选取一个合适的主题，对于培训班的开班、培训效果及培训评估都有着重要的影响。如何选取一个合适的主题成了培训人员的重要工作之一。SOAR 工具可以从优势、机会、渴望和成果四个方面，对培训需求、培训目标进行整理和分析，同时凭借对培训部门自身优势的反思，最终确认出最适合培训班的主题，以达到较好的培训效果。

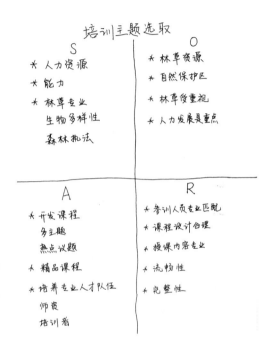

三、PREP

使用场景

PREP 分别代表观点（point）、原因（reason）、具体案例或事实（example）和观点（point）重述。适用于各种教学活动开场前、制定共同遵守约定时，引入该方法确保学员发言的条理性、逻辑性，提升发言、反馈效率。

📝 准备材料

白板纸 → 马克笔

🛒 操作步骤

1. 开场介绍工具；

2. 引导学员在本次教学活动中，所有发言要遵循下面的原则：开始先陈述要点（point），再讲原因（reason），然后陈述事实和具体事例（example），最后重申要点（point）；

3. 当其他学员有疑问时，回答者应先解释原因（Reason）是什么，再用具体事例（Example）加以解释。

📖 注意事项

1. 介绍工具时应尽可能详细说明；
2. 过程中所有发言环节要严格按照 PREP 原则执行。

📇 使用示例

某次林草行业培训中，设置了研讨环节，在组织学员开始研讨之前，引导师引入 PREP 规则，要求每人的发言要符合 PREP 原则，并通过实例来做具体说明。发言者与提问者都被要求严格执行 PREP，以求表达逻辑清晰准确。

四 六顶思考帽

📖 使用场景

六顶思考帽是一种从不同角度理解和解决问题的工具，可用于多种场景。通过精神上佩戴和切换"帽子"，小组可以聚焦某一方面，并有效转移注意力。

白帽：思考重点为客观事实和数据；

红帽：侧重点为感觉、直觉等主观情绪；

黑帽：思考重点为方案的消极方面；

黄帽：专注于解决方案的积极方面；

绿帽：提出创意，可能性和新概念；

蓝帽：由主持人或会议负责人佩戴，用于管理思考过程。

准备材料

操作步骤

1. 明确目的。确定所要解决的问题和需要得到的结果。

2. 设定六项帽子的使用顺序，设计问题。六项帽子的使用顺序可以根据情况设定，一般可采用下面的顺序：白帽——陈述问题事实；绿帽——提出如何解决问题的建议；黄帽——评估方案优点；黑帽——评估建议缺点；红帽——对各项选择方案进行直觉判断；蓝帽——总结陈述，得出方案。蓝帽作为主持人角色，可以全程适时使用。

注意事项

黑帽通常是最有用的帽子，但使用过度时会出现问题。

使用示例

某林草事业单位举办演讲比赛，主题为结合工作谈学习《习近平治国理政》心得。国际合作与援外培训部参加了比赛，并确定题目为"立足援外培训，讲好中国林草治理故事"，参加小组就撰写演讲稿使用了六项帽子的思考工具。

1. 白帽。

援外工作：我们做了很多援外培训（数据），经常有学员问一些尖锐的问题（穿山甲、象牙的非法贸易，滥砍森林等）；对中国的成就了解主要是经济领域的；发生了一些印象深刻的故事：突发疾病、护照遗失、文化冲突、饮食不习惯、网络问题；给学员过生日，教学员中文，制作结业视频；对于中国刻板印象的改变等；

林草故事：机构改革，国家公园，林草融合，防沙治沙；

林草事业的职能范围；

当下的热点：生态文明，人类命运共同体；

令人感动的事迹：为保护野生东北虎豹无私奉献的郎教授、原山林场的艰苦奋斗、捷文村、勤勤恳恳的护林员等。

2. 绿帽。

要结合《习近平治国理政》的心得体会；文体、文风要合适，语言简练，逻辑清晰；突出援外工作的重要性；大的思路可以按照是什么、为什么、怎么办的思路写作；段落方面可以按照"中心句＋两三句阐述"的方法来写；数据和案例要真实；也可以尝试写成散文风格；使用大标题、小标题使层次变得清晰。

3. 黄帽。

按照"是什么、为什么、怎么办"的思路写作，逻辑比较清晰、事例多，文章会比较生动和充实；援外培训、林草故事、《习近平治国理政》有机结合，文章会比较扣题和紧凑；大标题、小标题、中心句等可以让读者容易抓到重点；选用林草热点会让文章可读性更强；文章主体部分应该围绕讲故事，林草的故事有哪些？

4. 黑帽。

"是什么、为什么、怎么办"是否适合这篇文章，是什么到底写什么？援外培训、林草故事、《习近平治国理政》如何有机结合，因为《习近平治国理政》中谈到林草治理比较少，事例多会不会喧宾夺主，会不会让文章松散，不是所有的材料都适合本文，要进行筛选。

5. 红帽。

例子多，容易写，可以选择典型的几个例子。误解类：吃野生动物、滥砍森林；成就类：人工林、防沙治沙等；事迹类：林业工作者、我们自身；《习近平治国理政》：生态文明思想、"两山"理论、山水林田湖草。

6. 蓝帽。

按照"是什么、为什么、怎么办"的总体思路。是什么：提出目前存在的问题（不了解中国林草事业）；为什么：讲好中国林草故事的必要性；怎么办：中国林草故事包含的内容（增信释疑、履责担当、艰苦奋斗），未来如何进一步讲好林草故事。

第 7 章 破冰工具

所谓"破冰",是指消除冷漠。通俗来讲,破冰工具就是暖场工具。培训刚刚开始,大部分人都是第一次见面,彼此很陌生。为了让大家尽快消除陌生感,同时活跃现场气氛,从而设计小游戏环节,就像打破严冬厚厚的冰层。还有一些破冰工具用在培训或会议中间,学员积极性不高、不在状态、感到疲惫而导致气氛不佳的情景下,可使用破冰小游戏来调动会议或培训的整体气氛。破冰游戏多种多样,需要根据学员的具体情况、培训的不同主题等进行相应的选择。本章介绍的破冰工具包括假自我介绍、马兰花开、反口令和名字接龙等。

一 假自我介绍

准备材料

A4 纸 → 马克笔

操作步骤

1. 回顾自己的人生,回想出 3 个想要告诉其他人的逸事,然后将关键词大大地写在 A4 纸上,但是 3 个之中要有一个是假的;
2. 把写有关键词的纸展示给其他人,并进行 3 分钟左右的自我介绍;
3. 自我介绍结束后,让大家投票猜哪个是假的;最好可以留有看穿谎言的提问时间,这样能让气氛更加活跃。

注意事项

在假自我介绍破冰环节之后，可以安排时间让学员进行简单的正式自我介绍，再开始正式的培训内容，可以使培训流程更加顺利地进行。

二 马兰花开

准备材料

较大的开阔场地

操作步骤

1. 所有学员站成一圈，按照顺时针或逆时针方向行走。
2. 行走过程中，所有学员说"马兰花开，马兰花开，请问开几朵？"。
3. 主持人可站在人圈中间，回答学员开几朵花。例如，如果主持人说开3朵，则需要学员每3人立马组成一组，未能成组的学员接受惩罚。如此可以重复进行几轮。

注意事项

1. 在需要分组讨论的培训环节，如果培训师想让学员自由分组，那么马兰花开通常可以作为破冰游戏中的第一个游戏，实现分组的目的。
2. 主持人回答花开几朵时，应注意到学员人数和每组人数是否能够整除，即是否会有人不能成组，如此来达到惩罚学员活跃气氛的目的。

三 反口令

准备材料

足够的空间

操作步骤

1. 反口令的内容可以是多种多样的，也可自主创新，以下介绍常用的3种反口令：

（1）三面转法：当听到向左转时，向右转；当听到向右转时，向左转；当听到向后转时，原地不动。

（2）立正稍息：当听到立正的时候，要稍息；当听到稍息的时候，要立正。

（3）左右看齐：当听到向左看齐时，向右看齐；当听到向右看齐时，要向左看齐。

2. 每完成一个动作后，对执行口令错误或行动犹豫、缓慢的学员进行惩罚，如表演才艺等。

注意事项

1. 口令不一定局限于以上3种，培训引导师可以自己创新，达到活跃气氛目的即可；
2. 学员人数较多时，可将学员分组，分组进行游戏，其他小组成员监督。

四 名字接龙

准备材料

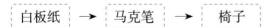

操作步骤

1. 从学员中选取一名主持人,主持游戏;
2. 其他学员坐在椅子上,并围成一个圈;
3. 将自己的名字更换成右邻者的名字;
4. 当主持人问某人 A 一个简单问题时,A 本人不可以回答,而是由更换成 A 名字的人(即 A 的左邻者)回答问题;
5. 当自己该回答时却没有回答,则被淘汰;
6. 最终剩下的一人为胜利者,游戏结束。

注意事项

如果参与的游戏人数过多,可以小组的形式进行。每组人数控制在 10 人左右为最佳,如果参与人数过多,则达不到游戏预期目的。

参考文献

国家林业和草原局管理干部学院，2019. 社区引导能力培训手册［M］. 北京：中国林业出版社.

森时彦，2016. 日本引导工具箱研究会. 引导工具箱：解决组织问题的49个工具［M］. 朱彦泽，夏敏，李猛，译. 北京：电子工业出版社.

苏平，2019. 培训师成长实战手册：引导式课程设计［M］. 北京：人民邮电出版社.